中国美术家的故事

徐敬东　徐忻炜　编著

中国少年儿童新闻出版总社
中国少年儿童出版社
北京

徐敬东，旅加文学博士，文化学者，诗人，作家，文艺评论家。徐忻炜，资深媒体人，影视制作人，作家，导演，记者。

图书在版编目（CIP）数据

中国美术家的故事/徐忻炜，徐敬东编著．--北京：中国少年儿童出版社，2024.1
（百角文库）
ISBN 978-7-5148-8401-2

Ⅰ．①中… Ⅱ．①徐…②徐… Ⅲ．①美术家-生平事迹-中国-现代-青少年读物 Ⅳ．① K825.72-49

中国国家版本馆 CIP 数据核字（2023）第 244999 号

ZHONGGUO MEISHUJIA DE GUSHI
（百角文库）

出版发行：中国少年儿童新闻出版总社
　　　　　中国少年儿童出版社

执行出版人：马兴民

丛书策划：马兴民 缪 惟	美术编辑：徐经纬
丛书统筹：何强伟 李 橦	装帧设计：徐经纬
责任编辑：张翼翀	标识设计：曹 凝
责任校对：杨 雪	封 面 图：谢雨函
责任印务：厉 静	

社　　址：北京市朝阳区建国门外大街丙12号	邮政编码：100022
编 辑 部：010-57526321	总 编 室：010-57526070
发 行 部：010-57526568	官方网址：www.ccppg.cn

印刷：河北宝昌佳彩印刷有限公司

开本：787mm×1130mm 1/32	印张：3.5
版次：2024年1月第1版	印次：2024年1月第1次印刷
字数：40千字	印数：1-5000册
ISBN 978-7-5148-8401-2	定价：12.00元

图书出版质量投诉电话：010-57526069　电子邮箱：cbzlts@ccppg.com.cn

序

  提供高品质的读物，服务中国少年儿童健康成长，始终是中国少年儿童出版社牢牢坚守的初心使命。当前，少年儿童的阅读环境和条件发生了重大变化。新中国成立以来，很长一个时期所存在的少年儿童"没书看""有钱买不到书"的矛盾已经彻底解决，作为出版的重要细分领域，少儿出版的种类、数量、质量得到了极大提升，每年以万计数的出版物令人目不暇接。中少人一直在思考，如何帮助少年儿童解决有限课外阅读时间里的选择烦恼？能否打造出一套对少年儿童健康成长具有基础性价值的书系？基于此，"百角文库"应运而生。

  多角度，是"百角文库"的基本定位。习近平总书记在北京育英学校考察时指出，教育的根本任务是立德树人，培养德智体美劳全面发展的社会主义建设者和接班人，并强调，学生的理想信念、道德品质、知识智力、身体和心理素质等各方面的培养缺一不可。这套丛书从100种起步，涵盖文学、科普、历史、人文等内容，涉及少年儿童健康成长的全部关键领域。面向未来，这个书系还是开放的，将根据读者需求不断丰富完善内容结构。在文本的选择上，我们充分挖掘社内"沉睡的""高品质的""经过读者检验的"出版资源,保证权威性、准确性,力争高水平的出版呈现。

通识读本,是"百角文库"的主打方向。相对前沿领域,一些应知应会知识,以及建立在这个基础上的基本素养,在少年儿童成长的过程中仍然具有不可或缺的价值。这套丛书根据少年儿童的阅读习惯、认知特点、接受方式等,通俗化地讲述相关知识,不以培养"小专家""小行家"为出版追求,而是把激发少年儿童的兴趣、养成正确的思考方法作为重要目标。《畅游数学花园》《有趣的动物语言》《好大的地球》《看得懂的宇宙》……从这些图书的名字中,我们可以直接感受到这套丛书的表达主旨。我想,无论是做人、做事、做学问,这套书都会为少年儿童的成长打下坚实的底色。

中少人还有一个梦——让中国大地上每个少年儿童都能读得上、读得起优质的图书。所以,在当前激烈的市场环境下,我们依然坚持低价位。

衷心祝愿"百角文库"得到少年儿童的喜爱,成为案头必备书,也热切期盼将来会有越来越多的人说"我是读着'百角文库'长大的"。

是为序。

马兴民
2023年12月

目　录

1　　齐白石

20　　吕凤子

34　　徐悲鸿

56　　潘天寿

73　　丰子恺

92　　张大千

齐白石
(1864—1957)

1929年深秋的一天，刚刚接任北平艺专（国立北平艺术专科学校）校长职务的艺术大师徐悲鸿，应朋友的邀请前去参观一个画展。走进展厅，面对一幅幅深受形式主义束缚，画面呆板、千篇一律的作品，徐悲鸿不由得摇头叹息。忽然，他被一幅挂在墙角的画吸引住了。画面上那几只悠闲自得的游虾，被画家用娴熟的笔墨技巧表现得活灵活现、栩栩如生。徐悲鸿一面连声夸赞，一面把"徐悲鸿定"的红条子挂在这幅被人冷落的画上。一旁的朋友悄悄地告诉徐悲鸿:这幅画的作者齐白石是一个老木匠,他在北平①画坛十分孤立,他的画被称作"野狐之禅",你买了他的画,会败坏名声的。徐悲鸿听后不以为然地笑着说:"我不但要买他的画,还要请他做艺专的教授呢!"

几天后,徐悲鸿真的上门拜访了这位木匠出身的画家。走进齐白石的画室,徐悲鸿被眼前那一幅幅不拘陈法、令人耳目一新的画作深深地打动了。他彬彬有礼地握住老画家的手说:"白石先生,我是北平艺专的徐悲鸿,今天登府是想请您到北平艺专当教授。"

"艺专教授?"齐白石感到事情来得突然。多少年来,他一直孤立地处在保守势力的一片唾骂声中。此刻,他怎么能轻易接受一个素昧

---

① 北平,北京旧称。1928年,南京国民政府设立北平特别市。1949年9月27日,中国人民政治协商会议第一届全体会议将北平更名为北京。

平生的人的聘请呢？于是，齐白石断然谢绝了徐悲鸿的邀请。

徐悲鸿觉得，在中国画这片天地里，齐白石是一匹能够负重的千里马，自己有义务帮助他跃出槽枥，自由驰骋。于是徐悲鸿三顾茅庐，聘请齐白石出任艺专教授。在一个如此诚恳的知己面前，齐白石激动地双手接过聘书，连声说道："徐先生，你真是好人，你不会骗我的。"

齐白石第一次到北平艺专上课那天，徐悲鸿坐着马车前来迎接。不久，由徐悲鸿作序的《齐白石画集》问世了。从此，齐白石精湛的绘画技艺日益为人们所熟悉和称道。

湖南省湘潭县白石铺乡有一个依山傍水、景色宜人的小村落——杏子坞，1864年元旦，齐白石就诞生在这里的一个普通农民家中。几间破茅屋和大门外一块叫"麻子丘"的水田，就是他们全家的财产。为了养家糊口，齐白石的祖父和父亲都在做零工。齐白石在艰难凄苦的生活中逐渐成长。8岁那年，全家人用省吃俭用积攒下来的一点钱，给齐白石买了书、纸、笔等，把他送进外祖父办的私塾。在私塾里，齐白石是外祖父最得意的学生。他聪明好学，进步很快。

故乡优美迷人的自然景色，像一股清澈的泉水滋润着齐白石的心田。一天晚上，齐白石凑近昏暗的松明灯，在描红本上写字。他描呀、描呀，描得有些腻了，便在写字本上画起画来。他先画了一条在水中摇头摆尾的小鱼，又画上一只在林间啾鸣欢唱的小鸟，还补上了一朵含苞待放的映山红。嗬，画画多么有意思！从那以后，齐白石迷上了画画，每天都要创作几幅"杰作"，画的都是平时所见的人物和花鸟等。

　　齐白石会画画的事,很快在同学中传开了,小伙伴们常常找他画画,他也从不推辞,经常撕了写字本替同学们画画。

　　一次,齐白石到一个同学家玩,碰巧同学的婶娘生孩子。按照当地的风俗,产妇的房门上,要挂一幅雷公神像用来"镇邪避魔"。齐白石望着雷公威风凛凛的模样,觉得很有意思,便拿出笔墨纸砚画了起来。可画了改,改了画,折腾了半天,他把雷公画成了一张鹦鹉似的怪鸟脸。齐白石不满意,就站在一只高脚凳上,把一张薄竹纸覆在画像上面,一笔一画地描起来。嘿,这回的成果真叫棒,简直和原像一样,小伙伴们在一旁都拍手叫起好来。齐白石画画的兴趣更浓啦!不久,外祖父发现了齐白石撕本子画画的事,严厉地批评了他。齐白石知道自己错了,他不再乱撕本子了,而是找一些废纸给大伙儿画画。

这年秋天,田里的收成很不好,齐白石被迫结束了不到一年的学习生活。为了活下去,他当上了放牛娃。他把过去学的几本书挂在牛犄角上,在放牛砍柴之余,从头到尾地反复温习。当然,他仍然忘不了画画。闲暇时,他或是静坐在水塘边,细心揣摩小鱼小虾的习性;或是在小溪旁,观看螃蟹爬行的姿态。他找到了一本祖父的记事账簿,把仔细观察到的事物一一画在上面。

由于自幼体弱多病,又长期过着贫苦的生活,齐白石的个子十分瘦小。15岁时,父母看他实在干不了繁重的庄稼活,就让他去学木匠手艺。16岁那年,齐白石改学雕花木工。他聪明好学,师父非常喜欢他,把手艺毫无保留地传授给了他。后来，齐白石大胆改进了千篇一律的雕花形式。他把平常画过的飞禽走兽、花鸟鱼虫，加些布景，构成图稿，雕出许多新颖独特的花样，受到人们的喜爱。20多岁时，他就成为远近闻名的雕花名手了。

一次，齐白石在顾主家干活，无意间见到一部乾隆年间翻刻的《芥子园画谱》一、二、三集，他拿来仔细看了一遍，发现自己以前的画，似乎都有些毛病。于是，他向顾主借来画谱，买了些薄竹纸、毛笔和颜料，每天晚上收工回家，就以松油柴的火光为灯，照着画谱一幅一幅地勾影。

齐白石在学习绘画的同时，对源远流长的篆刻艺术也产生了浓厚的兴趣。经过勤学苦练，他初步掌握了刻章的技法，渴望能得到名师的指点。有一次，齐白石听说从长沙来了一位"篆刻名家",便拿了块寿山石去请这位"名家"刻章。过了几天,齐白石满怀希望地去取印,谁知那个人把石头扔给齐白石说:"不平,拿回去再磨磨。"齐白石怅然地拿回那块已经磨得很平整的石头,又认真地磨了一遍。可是,当齐白石第二次拿着印石去请"名家"刻章时,那人接过来,看都没看一眼,又扔回给齐白石,傲慢地说:"连块石头都磨不平,还想刻章?再拿去磨磨。"齐白石这下彻底明白了,不是石头不平,而是对方根本瞧不起自己这样一个出身卑微的人。齐白石气愤地接过石头,转身奔出门去。

不久后,齐白石听说离家不远的南泉冲山上有一种石头可以用来治印,便冒着酷暑,从山上采下满满两大筐的印章粗石坯。把石头挑回家后,他入迷地拿着石头磨了刻,刻了磨,有时甚至忘了吃饭,一直刻章到深夜。正是靠着这种"只要功夫深,铁杵磨成针"的顽强精神,齐白石后来在篆刻的章法、刀法方面取得了重大突破,形成了对比强烈、气势恢宏的独特风格,成为一代篆刻名家。

1889年,齐白石结识了胡沁园、王湘琦等文化名人,并虚心地向他们学习。在短短的几年中,齐白石学到了一整套中国绘画的技法,打下了扎实的基础。同时,他的诗作也使当时的上层人物大为震惊。在胡沁园组织的一次诗会上,初出茅庐的齐白石竟吟出了"莫羡牡丹称富贵,却输梨桔有余甘"的佳句。

这以后,齐白石干脆改了行,以卖画为生。正如他在一首诗中所写:"泼墨涂朱笔一枝,衣裳柴米此撑支。"

为了在艺术上取得新的突破,1902年,正当壮年的齐白石,胸怀大志离家远游。10年之中,他五出五归,"足迹遍天下"。在漫漫旅途中,他或登上奇峰罗列的华山之巅,或荡舟在阳朔漓江之上,或遨游于迷雾朦胧的川江三峡,或徘徊在历史悠久的古城北京……每当看到奇妙的景色,他便画上一幅。就这样,他把途中所作的山水画,整理成《借山馆图》数十幅,满怀激情地为祖国山河立了一个形象的小传。

1919年,齐白石告别了生活50多年的故乡,到北京定居,开始了他生活中的又一个新的历程。

一天傍晚,齐白石正在家中作画,忽然来了一位学者模样的人。他就是当时才华横溢、技法全面、锐意创新的大画家陈师曾。齐白石接过陈师曾递上的名片,矜持地说:"陈先生光临寒舍，鄙人不胜荣幸。"

陈师曾热情地说："齐先生，我在荣宝斋见到了您的画，特来向您请教的。"

齐白石谦让道："这话说到哪儿去了。陈先生是京城的名画家，请陈先生指教。"说完，他拿出平日积存的绘画精品，展示给陈师曾看。

陈师曾一面看，一面赞赏道："嗯！闭目打盹儿的公鸡、枯枝上的秋蝉，功夫很深，画品很高。齐先生大概对徐渭、石涛、八大山人这些画家很佩服？"

齐白石听后笑着说："徐渭、石涛、八大山人的画，能横涂纵抹，我心极佩服。他们不同流俗的人品，更使我钦佩。我恨不能早生300年，天天为他们磨墨理纸。他们如果不收留我，即使饿死在他们的门外，也是情愿的。"

天色渐渐暗了下来，齐白石和陈师曾越谈

越投机。陈师曾诚恳地对齐白石说:"齐先生,我冒昧讲几句,齐先生的笔墨功底很深,确实也得到了徐渭、八大山人的精髓。但我觉得,齐先生如能在此基础上,另辟蹊径,变通画法,形成自己独特的风格,就更好了。"

齐白石感动得连连点头:"感谢陈先生的肺腑之言,使我豁然开朗。"说完,他站起来,在屋中低头踱了几步,然后握住陈师曾的手,"陈先生,听君一席话,胜读十年书。我作画数十年,却一直感到不满意,方才您一番指教,才使我明白,过去我画画过于形似,无超然之趣。现在我决定大变,即使一时卖不出画,困死饿死在京华,也绝不后悔。"

齐白石说到做到,自此以后,他闭门索居,刻意变法求新。"扫除凡格总难能,十载关门始变更",从1920年到1929年,年过花甲的齐白石大胆创新，艰难探索，终于突破了自己，超越了前人，在艺术上闯出一条新路。

变通画法后的齐白石，摆脱了民间艺术形式中的粗糙烦琐成分，同时融合了文人画洗练淡雅的笔墨，并创造性地以篆法和金石之笔入画，终于形成了形神兼备的特色和刚劲清新的艺术风格，自创了"红花墨叶"一派。

就在齐白石"十载关门"的最后一年，徐悲鸿来到了北平。他一眼就发现了"衰年变法"之后的齐白石。在徐悲鸿的全力帮助下，齐白石终于脱颖而出，像千里马一般奔腾驰骋于中国画坛。

齐白石一生的作品数以万计，人物、山水、花鸟都入画卷。代表他最高成就的是写意花鸟画。他一生"为万虫写照，为百鸟传神"，画出了自然天趣。他在生活的基础上，追求气韵生动、形神兼备的艺术真实,这也是中国写意画的真谛。

齐白石画虾是最负盛名的。只需寥寥数笔,他就能把虾画得活灵活现。看他画虾好像简简单单,一挥而就。其实,这中间倾注着齐白石几十年的心血。用他自己的话说:"画虾几十年,始得其神。"齐白石成名后,他的画案上还常放着一只养活虾的大碗。他几十年如一日地观察虾的生活习性,终于以形神毕肖的境界,超越了前人,受到了人们的喜爱。

1931年"九一八"事变爆发后,日本侵略者袭击沈阳,强占东北三省。亡国之祸迫在眉睫,看到侵略者的暴行,齐白石心情十分沉重。重阳节那天,一位友人邀请他去登高。他和友人登上北平宣武门,从高处放眼远望,只见炊烟四起,好似遍地烽火。齐白石和友人都有说不出的感慨。回到家中,他写下诗句"莫愁天倒无撑着,犹峙西山在眼前",表达了对祖国未来的信心。

1937年,北平沦陷后,齐白石毅然辞去受敌伪控制的北平艺专的教授职务。他常常站在住所的窗前,怅然地望着小院中花木凋零的凄凉景象,心中充满一种难言的痛苦。

北平的冬天,寒风凛冽,大雪纷飞,寒气逼人。这时,北平艺专派人送来了购煤的条子。齐白石当即把它退了回去,表示决不要敌伪政权的优待。一些敌伪的大小头目,时常上门找齐白石索要字画,作为一个有爱国心的画家,怎能甘心听从那些人的使唤?他在大门上贴了"画不卖与官家,窃恐不祥""白石老人心病发作,停止见客"等字条。有人为他担心,更有人劝他明哲保身,不要触犯敌伪政权的人,但齐白石无所畏惧,他宁可挨饿受冻,也决不去谄媚那些禽兽不如的强盗。

这一时期,齐白石的许多画作都充满对祖国的爱和对敌人的仇恨。

他画的《鸬鹚舟》上题有:"大好河山破碎时,鸬鹚一饱别无知。渔夫不识兴亡事,醉把扁舟系柳枝。"他为朋友画的山水卷题诗道:"对君斯册感当年,撞破金瓯国可怜;灯下再三挥泪看,中华无此整山川。"

随着抗战的节节胜利,日本侵略者穷途末路。齐白石画了一幅《螃蟹》图,画面上陷入泥潭的螃蟹拼命挣扎,却越陷越深,灭顶之灾近在眼前。他在画上题诗:"处处草泥乡,行到何方好!昨岁见君多,今岁见君少。"他还充满激情地画了一幅《群鼠图》,画面上凶残狠毒的日本侵略者被形象地描绘成一群狼狈不堪的过街老鼠,到处挨打,无处可逃。在民族危亡的紧急关头,齐白石爱憎分明,他用手中的画笔,倾诉出对祖国、对人民的深挚感情。

齐白石的一生将近一个世纪。在风雨如磐的旧社会,齐白石常常做一个甜蜜的梦:梦见自己的艺术才能被社会所重视,能真正为人民大众服务了。

中华人民共和国成立后,齐白石多年的梦想终于变成了现实。他的艺术,他的生命,都获得了新生。齐白石画了一幅勃发多姿的《万年青》,祝愿祖国繁荣昌盛。

当时,齐白石已年近九旬,但多年来积聚的巨大力量,促使他以惊人的毅力和高涨的热情从事艺术创作。

一个炎热的中午,齐白石在画案前全神贯注地画着画,家里人几次让他吃完饭再画,他好像没听见似的,画了一张又一张。画完第五幅,他已经有点儿站不住了,拿笔的手也开始颤抖。家人赶紧过去扶住他,要他吃完饭休息一会儿再画。齐白石倔强地摇摇头,又挥笔画了一幅《不倒翁》。接着,他在画上写下这样一行字:"昨日大风雨,心绪不宁,不曾作画,今朝制此补充之,不教一日闲过也。"就是凭着这种"不教一日闲过"的刻苦精神,齐白石从一个普通的雕花木匠成长为一位举世闻名的艺术大师。

党和人民政府给予齐白石很高的荣誉,1953年,文化部授予他"人民艺术家"的光荣称号,表彰他在发展民族绘画方面作出的巨大贡献。同年10月,他被推选为中国美术家协会主席。齐白石曾画过一幅《鹰》,画面上那只矫健的雄鹰傲然挺立,以敏锐的眼睛注视着远方。齐白石形象地告诉人们:"应当有鹰一样远大的志向,一往无前的精神和坚韧不拔的毅力。"

由于年老体衰,齐白石病倒了。一天,他忽然撑起虚弱的身体,在家人的搀扶下,来到画案前,提笔蘸上浓艳的洋红,向纸上抹去,顿时,一朵无比鲜艳、瑰丽的牡丹花绽放在雪白的宣纸上。接着,他又换笔蘸上墨汁,疏密有致地画上叶子,让它们浓淡相宜,自然贴切地映衬着美丽的鲜花。那富有生命力的花朵象征着充满青春活力的春天,也象征着艺术家不朽的创造力。

1957年9月16日,齐白石于北京逝世。齐白石的艺术不仅影响了现代中国画,也将对今后中国画的发展起到重要作用,甚至影响整个世界艺坛。

吕凤子
(1886—1959)

20世纪20年代中期,直系大军阀孙传芳号称浙、闽、苏、皖、赣五省联军总司令,在长江下游显赫一时。一次,他听说画家吕凤子擅长画仕女,但轻易不肯落笔,就派副官送去200块大洋,指定要买吕凤子的仕女画。吕家的人知道吕凤子生性清高,不事权贵,要是指定他画仕女,他一定不肯画,就婉言谢绝了。孙传芳见副官空手而回,以为吕凤子嫌钱少,便让人又送去1000块大洋。孙传芳自以为是地说:"1000元可以买个活美人,吕凤子再高傲,难道1000元还买不到他一个纸美人吗?"没想到,两天后,钱又被原封不动地退了回来。孙传芳恼羞成怒,认为吕凤子不识抬举,立即派兵去"请"。但是,吕凤子早已远走高飞了……

吕凤子于1886年7月7日出生在江苏丹阳的一个商人家庭。父亲吕丽泉为人厚道,乐意帮助穷苦乡邻。有一天,他带吕凤子外出办事,让儿子十个手指戴上十只金戒指,路上碰到有困难的人,就送对方一只戒指。回到家时,吕凤子手指上的十只金戒指全送掉了。父亲仗义疏财的行为,给吕凤子留下深刻的印象。

吕丽泉忙于经商,读书不多,做买卖时经常感到力不从心,所以决心把儿子培养成材。吕凤子4岁开始读书写字,他家有块10厘米厚的砖，毛笔蘸水写上字，一会儿就会干，他每天早晨都在砖上练字，还给自己定下规矩：每次要写完一碗水才休息，否则不吃早饭。几年下来，砖磨薄了，吕凤子书法的功底厚实了。6岁时，他就能替人写春联。每年春节前夕，上门请他写春联的人络绎不绝。

万籁俱寂，人们早已进入梦乡，吕凤子往往还在油灯下攻读。11岁那年的一个深夜，他正在灯下看书，突然听到异响。抬头向窗外望去，只见一个小偷正趴在对面的屋顶上，窥探他家的内室。吕凤子大喊："捉贼！"小偷万万没想到深更半夜还有人未睡，吓得急忙从围墙上往下跳，连滚带爬地逃走了。

童年时代的刻苦学习，为吕凤子打下了坚实的文学和书法的基础。在众多古代文学家中，他最钦佩屈原和辛弃疾。他们那些慷慨激昂的爱国诗篇，吕凤子百读不厌，爱国主义思想也在他的心中孕育着。

14岁时，吕凤子参加科举考试，一鸣惊人，得中秀才，被誉为"江南才子"。

这一年，帝国主义列强组织八国联军进攻中国，烧杀抢掠，无恶不作。腐败的清政府被吓破了胆，于1901年9月在北京与英、美、俄等11个国家签订了丧权辱国的《辛丑条约》。此后，清政府彻底沦为帝国主义的附庸。吕凤子认为在这种情况下继续走仕进之路，根本无法报效国家。于是，他决定投笔从戎，以血肉之躯报国护民。20岁那年，他进入苏州武备学堂学习，苦练武艺，精习兵法，准备有朝一日上疆场痛杀洋鬼子。

在武备学堂，吕凤子有机会深入了解社会。目睹了政府的昏庸无能和民众蒙昧无知的严酷现实后，他明白靠自己单枪匹马地冲杀难成大事，便决心从事教育工作，以祖国优秀的传统文化唤起民众的爱国热情，挽救民族于危亡。

1906年，吕凤子考入南京两江优级师范学堂图画手工科。当时，大书法家李瑞清担任该校学监。吕凤子才华出众，勤奋好学，受到李瑞清的赏识，成为他的得意门生。在李瑞清的指导下，吕凤子临摹、研究了许多著名碑刻上的书画遗迹，在书法、绘画领域取得了长足的进步。

1909年，吕凤子以优异的成绩毕业，并留校任教。随后，他又在南京、北京、上海等地的高等院校任美术教授。他一生的教育生涯就这样揭开了帷幕。

这几年中，吕凤子经常接触西方文化和反

封建思想，对中国歧视妇女的封建礼教十分痛恨。1911年，吕凤子捐献家产，在家乡创办了丹阳私立正则女子职业学校。"正则"是伟大爱国诗人屈原的自命名，吕凤子以此作为校名，目的显而易见。正则女校开设文化课和缝纫、刺绣等职业教育课程，招收了许多女青年来这里学习。此后，妇女解放运动在丹阳和邻近地区蓬勃地开展起来。

吕凤子自幼对民族绘画有着浓厚的兴趣。1917年，他担任北京女子师范学校的教授，有机会系统地研究、学习中国画的表现技法。线描是中国画重要的技法之一，书法更是通过线条的虚实疏密、收展欹正的变化，构成艺术美。所以，历来就有"书画同源"之说。吕凤子的书法功底在他学习中国画时，成为得天独厚的有利条件。但吕凤子反对一味摹古仿古，他认为做一个有个性、有风格的画家,才是画家作画的精神和目的。

1927年,吕凤子创作了《迦陵填词图》。清代爱国词人陈迦陵继承了辛弃疾的豪放词风,被誉为"清代的辛弃疾"。从小崇拜辛弃疾的吕凤子,也很仰慕陈迦陵,决心把陈迦陵的创作生活用绘画表现出来。只见画面上的陈迦陵和乐姬盘腿坐在地毯上,陈迦陵膝铺词笺,手拈须髯,口吟新词,气宇轩昂;乐姬手握玉笛,准备吹奏,神态自若。这幅画的人物表情生动,线条流畅,构图稳中有变,静中有动,形象地再现了陈迦陵的创作生活。

《迦陵填词图》展出时,正值中国人物画每况愈下之际,这幅画犹如异军突起,冲破了人物画的沉寂局面,受到文化界的高度评价。吕凤子随之声名大振。金陵大学研究院聘请他担任中国第一个画学研究员。

吕凤子在欣喜之余,产生了一种责任感。他觉得中国人物画有着悠久的历史,应该有人继承和发展。从那以后,人物就成为他最主要的绘画题材。

1929年,吕凤子创作了《凤先生仕女画册》,共有8幅工笔仕女画,都是按照宋人词意构思创作的。这些仕女造型端庄,神态高雅,线条简洁。仕女们或凭栏远眺,或端坐沉思,或倚石赏花……表现出多样化的情趣和意境,丰富了仕女画的表现力,被称为中国仕女画的划时代杰作。

1937年"八一三"事变后,日寇进逼丹阳。吕凤子不愿在敌人的铁蹄下奴颜婢膝地生活,他带领正则女校的部分师生向后方转移,争取重新办学。他们风餐露宿,步行多日才雇到几只粪船,沿长江向内地逃难,每天只能吃两顿稀粥。一路上,吕凤子看到无数难民饥病交迫,死在路旁。这段经历使他久久不能忘怀,思想感情也发生了深刻的变化。

《敌机又来矣》《逃亡图》就是吕凤子这一时期创作的,表现的都是难民的逃亡生活,画面真实感人,反映出他对人民苦难的深切同情,对侵略者的无比仇恨。这两幅作品在苏联展出时,吕凤子被苏联报纸赞誉为"人民艺术家"。

吕凤子历经千辛万苦到达四川后,立即拖着虚弱的身子四处筹集办学经费。他平时不愿举办个人画展,这次为了办学,破例同意开了一次画展。他为准备展品,日夜挥毫作画。当画展在成都举办时,他因劳累过度,在街头昏倒了。

正则蜀校终于在四川省璧山县开学。这所因陋就简办起来的学校，在吕凤子呕心沥血的操持下，校舍和设备逐渐完善。短短几年工夫，校舍就增加到200多间，在校学生最多时有千余人。后来，教育家黄齐生应邀到校任教。黄老先生常和吕凤子谈论时事和解放区的情况，这使吕凤子对中国共产党和抗日形势有了确切的了解。几年时间里，学校每学期都要挑选几百幅优秀书画，由黄老转交八路军办事处，带往陕北根据地作为慰问品。

在四川的这段时间，是吕凤子创作的旺季。《四阿罗汉》是吕凤子的名作之一。这幅画作于1942年，当时日寇夜以继日地滥炸重庆，百姓伤亡惨重。眼看着日本飞机在中国领空横冲直撞，吕凤子悲愤万分。他用简练传神的笔调，描绘了四尊造型生动的罗汉，前排右边的罗汉左拳紧握,右手挥向胸前,仰望苍穹,神情愤然。左边的那尊罗汉紧眉蹙额,双拳在胸前相持,面部表情严肃,似乎正在思索。后排的两尊罗汉像在谈论什么,左边的那尊捧腹大笑,右边那尊伸出右手在指点,表情诙谐。画面的左上角题道:"竭来闻见,弥触悲怀,天乎!人乎!狮子吼何在?有声出鸡足山,不期竟大笑也。"从这段题词中,不难体会出吕凤子作此画的深刻含意。"狮子吼何在"是对国民党政府腐败无能、消极抗日行为的控诉,也是对正义的呼唤;吕凤子把鸡足山比作革命根据地;八路军英勇抗敌的消息传来了,中国有了希望,因而"不期竟大笑也"。

这幅作品构思独特、严谨,造型生动逼真,在社会上引起强烈的反响。在重庆举行的第三届全国美术作品展览中,《四阿罗汉》被评为一等奖。

抗日战争胜利后,吕凤子决定返回故乡,恢复丹阳正则女校。离开璧山之前,他把含辛茹苦建造的几百间校舍翻修一新,连同教学设备也无偿赠送给地方政府,让他们继续办学。吕凤子只带着简单的行李回到桑梓。当年的正则女校已被日寇烧毁,校园里杂草丛生,满目疮痍。吕凤子第三次白手起家,兴建学校。各界有识之士为吕凤子矢志不渝的办学精神所感动,纷纷出资出力,助他一臂之力。经过几年的努力,正则学校又兴旺了起来,逐渐扩大为正则小学、正则中学、正则职校和正则艺校4部分,在校学生2000余人。校园内环境优美、书声琅琅。由于国民党政府忙于内战,公立学校经费紧缺,正则学校的校舍、设备及师资等条件都胜过丹阳的公立学校。

1949年，吕凤子盼望已久的人民当家做主的日子终于来到了。他内心的激动也通过画面反映出来。他的画风变得开朗明快，绘画题材也多以现实人物为主。吕凤子创作了大量歌颂新社会的作品，其中很大一部分是表现劳动人民的。《老王笑》描绘了一位肩扛劳动工具的老农，正在开怀大笑，表现出人民面对新生活的喜悦之情和当家做主人的自豪感。

由于国家教育事业的需要，1952年全国部分高等院校进行了院系调整，吕凤子转到江苏师范学院任教。为了培养新一代的美术人才，他更加努力地工作着。

晚年，吕凤子饱受风湿性关节炎、高血压等疾病的折磨，但他仍坚持作画、授课和著述。他曾画过一幅《不》，画上一位白发老翁左手持竹杠，右手做手势，背景是两株吐出新芽的枯柳。画上题句"不，我要做，我要做到有生最后一息。我珍惜我的劳动权，还有我的义务感。我要尽我的能和力，我不休息"，用以表达他不服老，还要为祖国忘我工作的决心。

1957年，吕凤子不幸身患癌症，生命垂危。在国庆10周年前夕，他让家里人搀扶着站起来画了一幅《松》。他借常青的松树，歌颂祖国的繁荣昌盛，祝福祖国前程锦绣。他在画上题词："老凤今年七十四，一生是病不肯死。新国建立才十年，似已过了一百世，还待一阅千年事。"他借词抒怀，表达出要为祖国建设事业继续工作的强烈愿望。

1959年12月20日，一代宗师吕凤子在苏州病逝。1960年，他在病中完成的《中国画法研究》出版。这本书是他一生艺术创作的经验总结，极大地丰富了国画艺术的理论宝库。

徐悲鸿
(1895—1953)

1926年4月的一天,阳光明媚。一年一度的法国沙龙画展在巴黎隆重开幕。潮水般的人流涌进展览大厅,尽情欣赏艺术大师们的杰作。一幅题为《箫声》的油画博得了人们的一致赞赏。这幅作品以巧妙的构图,凝练的笔触,描绘了一位正在吹箫的少妇。她的双眼中流露出一种哀怨忧郁的情绪,她庄重的神情和肃穆的背景巧妙地融为一体。《箫声》产生了强烈的艺术感染力,观众的思绪仿佛随着如诉如泣的箫声飞向远方。有人断言,《箫声》是法国现实主义艺术大师达仰的作品。年逾古稀的达仰乐呵呵地走来，十分自豪地指着身边的一位中国青年告诉人们："这幅画是他——我的中国学生徐悲鸿创作的。"

"中国人能画出一流的油画，真了不起！""简直不可思议！"人群中爆发出一片赞叹声。

1895年7月19日，徐悲鸿出生在江苏省宜兴县屺亭镇的一个贫苦家庭。徐悲鸿的父亲徐达章是一名正直而善良的画家，他擅长书画，精通诗文，在当地小有名气。徐达章轻视功名，一辈子僻居乡间，靠经营几亩瓜田，兼做村里的私塾先生和卖画的收入，勉强维持一家八口人的生活。徐悲鸿是长子，由于家中缺少劳力，他年纪很小就随父母到田间劳动。他放牛、种瓜，在风吹日晒中品尝到了人生的艰苦，这也培养了徐悲鸿坚韧不拔的意志和顽强的毅力。

徐悲鸿6岁开始跟父亲读书识字。他多次向父亲提出学画的要求，父亲想到自己虽然能书善画，却养不活一家人，便断然拒绝了徐悲鸿的再三恳求。

在父亲的督促下，徐悲鸿9岁就读完了四书五经，打下了扎实的文化基础。在繁忙的劳动之余，父亲时常带他沿着绿草茵茵的河岸步行，引导他欣赏和观察大自然。那奇姿异态的山峦，清波荡漾的河流，蜿蜒曲折的乡间小路，锦缎般的朝阳晚霞，深深印在了徐悲鸿幼小的心里。这些美妙的景色，后来都带着诚挚真切的感情印记，多次出现在徐悲鸿的画卷里。

农闲时，徐悲鸿喜欢到镇上的茶馆去听老年人讲《水浒传》《三国演义》等故事。英雄人物爱憎分明，他们的言行对徐悲鸿疾恶如仇、正直善良的性格的形成，产生了重要影响。

一天，父亲要去邻村办事，他让徐悲鸿到私塾照看一下学生。午饭前，父亲赶回私塾，推门一看，不由大吃一惊。嗬，好一个古代英雄大聚会——学生们的脸上都涂着颜色，逼真地扮成了戏剧中的韩信、刘备、关羽、张飞、林冲、鲁智深等人。父亲再回头一看，只见刚才还身披红色被面，手举"利剑"，大叫"恶贼住手"的徐悲鸿，此刻垂头站在一旁，等待着他的责备。面对此情此景，父亲终于为徐悲鸿超群的艺术天赋和学习美术的强烈愿望所感动。从此，父亲开始教徐悲鸿学画。

由于父亲的悉心指导，加上徐悲鸿聪明好学，10岁时，徐悲鸿已经能为父亲的画染色、为乡亲们写春联了。一次家里来了客人，父亲恰巧不在家，客人还有其他事急着走了。父亲回来后，责备徐悲鸿办事粗心，没有留下客人的姓名。徐悲鸿调皮地伸出左手大拇指，原来那上面画着来客的面容呢。父亲认出了来客，立刻转怒为喜，兴奋地夸奖他能抓住人的特点。

徐悲鸿13岁那年，宜兴发生了百年未遇的大水灾。为了维持一家人的生活，父亲带着徐悲鸿走遍苏南的县城和村镇，靠替人画画、写对联、刻图章来挣钱糊口。流浪江湖的卖画生涯，使徐悲鸿广泛地接触下层社会和劳动人民，更加了解和同情人民的苦难。一天傍晚，徐悲鸿和父亲卖完画走回旅店时，看见一伙儿凶神恶煞的恶棍，正在纵火焚烧一个卖茶水的窝棚，一名年轻妇女怀抱婴儿在旁边啜泣。父亲和徐悲鸿愤愤不平地冲到这伙人面前，劝说他们发发善心，没想到为首的恶棍抓起杯子就朝徐悲鸿砸来……

在残酷的现实面前，徐悲鸿渐渐成熟，心灵

深处迸发出忧国忧民的炽热感情,他在画上署名"神州少年",并盖上"江南贫侠"的印章。

栉风沐雨的生活使徐达章身染重病,父子俩只得返回家乡。徐悲鸿17岁时,就独自挑起全家的生活重担。父亲临终前嘱托他:"我们是两代画家了,后来居上,你应当超过我,超过我们的前辈。"父亲的去世对徐悲鸿是个很大的打击,但也坚定了他振兴中国美术事业的志向。徐悲鸿觉得家乡的生活天地和自己的知识领域太狭窄了,于是毅然离开家乡,只身外出求学。

1915年,徐悲鸿来到当时文化较为发达的上海,寻找半工半读的机会。在友人的帮助下,他住进一家商界俱乐部。每天午夜,俱乐部打烊后,烟榻就成了徐悲鸿的床铺。天刚蒙蒙亮,他就起身作画,一直画到下午俱乐部开门。晚上,他就去补习法语,或去收藏家的住处看画。在这期间,徐悲鸿的学习进入了一种忘我的境界,绘画技艺日趋成熟。徐悲鸿成名后,有不少人赞扬他是天才,徐悲鸿则说,天才与普通人的区别,就像用薄锅和厚锅烧开水,薄锅开得快一些,厚锅慢一些,但都能烧开,一旦水烧开了,以后的情况就差不多了,问题就看谁能坚持不懈。学艺之道无他,锻炼意志第一。

1916年,徐悲鸿画了一幅马,寄给上海审美书馆的高剑父、高奇峰兄弟。高氏兄弟看到这幅神采飞扬的奔马图后,写信给徐悲鸿赞誉道:"虽古之韩幹[①],无以过也。"很快,这幅画就由审美书馆印刷出版。这是徐悲鸿发表的第一件艺术作品,它的问世给处境艰难的徐悲鸿增添了信心和力量。

---

① 韩幹,唐代画马名家。传世作品有《照夜白》《牧马图》等。

不久，徐悲鸿获悉上海哈同花园附设的仓圣明智大学正在征集仓颉画像，便去投稿。徐悲鸿画的仓颉形象生动，受到明智大学教授们的一致好评。哈同花园当即聘请徐悲鸿去作画。

哈同花园经常举办古今中外的图书或艺术品展览，这给徐悲鸿提供了极好的学习机会。这一阶段，他在继承中国传统绘画精华的基础上，开始在画中尝试结合西洋画的明暗和透视，来表现空间和体积，创造出了真实生动的形象。

尽管在哈同花园的生活待遇优厚，但徐悲鸿无意久留。拿到一笔稿酬后，徐悲鸿决定东渡日本做艺术考察。

1917年底，徐悲鸿从日本回国，被北京大学校长蔡元培聘为北京大学画法研究会导师。此时，北京知识界的学术气氛十分活跃自由。蔡元培采取"兼容并包，思想自由"的办学方针，不仅使北大成为学术研究的中心，也使北大成为新文化运动的摇篮。西方的民主、科学思想和文学艺术作品（包括欧洲文艺复兴时期的许多文化财富）大量传入我国，对徐悲鸿的美术创作和美术教育生涯，产生了深远的影响。

当时，徐悲鸿看到中国画坛的保守思想根深蒂固，一时难以动摇，感触极深。为了复兴中国美术事业，徐悲鸿决定去欧洲观摩西方的优秀艺术，认真学习扎实的造型手段，引进科学的美术教育方法。经过多方努力，1919年春天，徐悲鸿获得赴法国留学的机会，踏上了新的征途。

到法国后，徐悲鸿考入了巴黎国立高等美术学院，接受严格的素描基本功训练。为了培养造型能力，徐悲鸿对着实物写生，画了大量的素描习作。他每画完一幅素描后，都记住物品的特征，再默写一遍，然后对照原作修改差误。

当时的中国贫穷落后，在世界上没有威望，中国留学生因此常受到一些外国人的歧视和侮辱。一次留学生聚会上，有个外国学生站起来，傲慢地说中国人又蠢又笨，绝成不了材。坐在一旁的徐悲鸿被激怒了，他走到那个洋学生面前，大声说："先生，你不是说中国人不行吗？那好，我代表我的祖国，你代表你的国家，我们比一比。"此后，徐悲鸿更加勤奋刻苦地学习，并以优异的成绩从素描班升入油画班。每逢学习空暇，他就到博物馆观赏和临摹历代绘画大师的作品。

坐落在巴黎塞纳河畔的卢浮宫，是一座藏有丰富的古代和现代雕塑、绘画作品的美术馆，这里收藏的精妙绝伦的艺术珍品，像磁铁般吸引着徐悲鸿。最使他激动的作品是德拉克洛瓦[①]

[①] 德拉克洛瓦，法国杰出画家，代表作有《自由引导人民》等。

画的《希阿岛的屠杀》。作者愤怒地揭露了土耳其侵略者对希腊人民的残酷统治,用绘画语言抒写出了人民的血泪控诉。这幅充满人道主义色彩的作品引起了徐悲鸿的共鸣,联想到自己正在遭受苦难的祖国,他不禁失声痛哭。徐悲鸿从这幅作品中受到启发,立志把自己的身心与美术融合在一起,抒发爱国之情。这期间,徐悲鸿精心临摹了许多杰作,他从艺术大师的作品里学到了许多绘画技巧。

由于国内政局动荡、经济萧条,留学生的公费时断时续,生活十分艰苦。有时,徐悲鸿每顿饭只能以一杯白开水、两片面包充饥。长期的饥寒交迫使徐悲鸿得了终生未愈的肠胃病,发作时疼痛难忍。可他强迫自己忍痛作画,以分散注意力,减轻病痛。徐悲鸿曾写道:"人览吾画,焉知吾之为此,乃痛不可支也。"

一次偶然的机会，徐悲鸿结识了法国著名的现实主义画家达仰。达仰很喜爱这名努力而俭朴的中国青年，便收徐悲鸿为学生。在达仰的指导下，徐悲鸿认真研究了欧洲的艺术传统，掌握了油画技术的精髓。徐悲鸿创作的《箫声》《老妇》《远闻》《怅望》等油画作品，在法国全国美术展览会上都大获成功，引起欧洲美术界的注目。这时候，那个要和徐悲鸿比赛的洋学生只好甘拜下风，承认不是中国人的对手。

1927年秋，徐悲鸿结束了历时8年的旅欧留学生活，回到思恋已久的祖国。当时，蒋介石背叛革命，中国人民生活在水深火热之中，徐悲鸿的心情十分沉重，他逐渐意识到：中国绘画艺术的复兴，靠个人的力量是杯水车薪，应该把精力更多地放在培养青年艺术家方面。因此，徐悲鸿回国后，迅速建立起现实主义艺术教育体系,并在上海南国艺术学院、南京的中央大学艺术系主持艺术教育工作。

同年,徐悲鸿应上海艺术大学邀请去讲学。讲学结束后,他对一名低年级学生的习作非常感兴趣,认为他很有艺术才能。徐悲鸿把他找来,对他进行热情的鼓励与辅导,并把家庭地址留给他,要他每个星期天去家中学画。这个学生就是之后闻名世界的艺术大师、曾担任中国美术家协会主席的吴作人。不久,吴作人正式转入南国艺术学院跟徐悲鸿学画。而后,他又随徐悲鸿到中央大学艺术系当旁听生。后来,中央大学以取消旁听生为名,驱逐了徐悲鸿帮助和保护的一批学生。吴作人含泪向徐悲鸿告别。徐悲鸿鼓励他:"你应该去法国深造……"吴作人痛苦地摇了摇头,因为家境艰难,他无法支付高昂的留学费用。

徐悲鸿想方设法地给吴作人弄到船票和护照，使吴作人终于得到去法国学习的机会。到巴黎后，吴作人考入巴黎国立高等美术学院，而后进入比利时皇家美术学院学习。在徐悲鸿的帮扶下，吴作人通过自己的努力，在油画、国画方面都取得杰出的成就，最终成为誉满艺坛的著名画家和美术教育家。

徐悲鸿在创办艺术教育的同时，也积极进行艺术创作。1928年至1930年，正值蒋介石对内加紧镇压共产党和人民群众的革命斗争，对外加速勾结帝国主义之际，徐悲鸿痛恨国民党的独裁统治和帝国主义的肆意侵略，着手创作了油画《田横五百士》。

《田横五百士》取材于《史记》：秦末，陈胜、吴广揭竿抗秦后，全国的起义风起云涌。齐王的后裔（yì）田横也率部队抗秦。刘邦统一天下后,田横不愿屈居人下,便同他的500名部下困守在一个孤岛上。刘邦见田横很得人心,恐怕他日后为患,便下圣旨称:若田横来降,可封王侯,统辖一方;若不来降,便要诛灭岛上所有人。田横为了保护其他人的生命,毅然带两名部下离岛,前去京城。在离京城15公里处,田横自刎而死,遗嘱同行的部下拿他的头去见刘邦,表示自己宁死不屈的决心。刘邦下令用王礼厚葬田横,与田横同去的两名部下也自杀在田横的墓穴旁。刘邦又派人去招降岛上的500名壮士,壮士们听到田横已死,纷纷自杀,无一投降。

徐悲鸿选取了田横与500名壮士诀别的悲壮场面加以描绘。他着意刻画田横威武不屈的神态。《田横五百士》成功地表现出富贵不淫、威武不屈的鲜明主题。他还以鲜明的民主倾向,开拓了中国油画的现实主义道路。

"人不可有傲气,但不可无傲骨。"这句话是徐悲鸿的座右铭。他铁骨铮铮,从不向反动势力低头。

"九一八"事变后,中国的国际地位一落千丈,徐悲鸿当时最大的心愿是要让世界各国认识到中国是一个高度有文化的国家。1933年5月,徐悲鸿接受法国国立外国美术馆的邀请,携带数百幅中国近代绘画作品,赴法国举办中国近代绘画展览。展览开幕式时,法国教育部部长、外交部部长及各界人士3000余人,前来祝贺、参观。画展期间,法国的报纸、杂志发表了200余篇评论文章,观众达3万人以上。中国绘画在欧洲引起了巨大的反响。展览结束后,法国政府收藏了徐悲鸿等人的15幅中国画作品,并在国立外国美术馆开辟专室陈列。这次画展为提高祖国的国际威望,促进中西文化交流作出了重要贡献。随后,徐悲鸿又携带作品在比利时、意大利、德国的许多城市巡回展出,每到一地都受到热烈欢迎,取得空前的成功。意大利的一家报纸评论说:"这次画展是继马可·波罗之后,中意文化交流的又一个高潮。"

1934年5月1日,中国近代绘画展览在莫斯科历史博物馆开幕。这次苏联之行,徐悲鸿亲眼看到了世界上第一个社会主义国家。他在接待观众时注意到,参观者除知识分子外,还有许多工人、农民,而在国内或欧洲其他国家举办画展,参观者多半是知识分子。在苏联期间,徐悲鸿与苏联的著名艺术家们互相交换作品,交流创作经验,建立了深厚的友谊。

离开苏联前,徐悲鸿热情地邀请苏联画家到中国举办画展。1935年,苏联应邀在南京和上海举办《苏联版画展览》。中苏艺术家的互访，加强了两国的文化交流和两国人民之间的友好感情。

1937年7月7日卢沟桥事变爆发后，抗日战争全面爆发，中央大学迁移到重庆。徐悲鸿并不安居在大后方，他创作了大量寓意爱国主义的作品，如逆风之雀、奋发之鹰、南国之芳兰等作品形象，都表现出他深切关怀祖国命运，痛恨日寇侵略的罪行。

1938年，徐悲鸿应著名印度诗人泰戈尔的邀请，到印度国际大学讲学。徐悲鸿特地携带大批作品前往，沿途在新加坡、马来西亚等国开筹赈展览会，为国内难民募捐。徐悲鸿利用这次机会，到处演讲，吁请海外侨胞多为苦难中的祖国尽力，南洋各地的爱国侨胞对筹赈画展给予了热烈的支持，侨胞们踊跃争购徐悲鸿的作品，徐悲鸿将卖画所得的10余万美元全部寄回国内，捐献给难民。

在中华民族漫长的历程中，曾涌现出许多杰出的艺术瑰宝。但是由于政局动荡，许多国宝或流落国外，或毁于战火。因此，徐悲鸿每发现一件珍品，宁愿自己省吃俭用，也不惜用重金购买，妥善保藏。

一次，徐悲鸿在一个外国人那里看到一幅唐代的白描人物长卷，画面上有87位列队行进的神仙，神态各异，飘飘欲飞，故名《八十七神仙卷》。那优美的造型、生动的体态、流畅而富有生命力的线条，展现了我国古代人物画的高超水平。徐悲鸿看后神魂颠倒，迅即以高价买下此画。他在画上盖上了"悲鸿生命"的印章，把画随身携带，精心保管。1942年，徐悲鸿从缅甸回国，途经昆明。一天，他正在工作，突然响起空袭警报，他匆忙跑进防空洞。警报解除后，他回到住所，发现门锁被撬，《八十七神仙卷》和他自己的30余幅画被盗了！

徐悲鸿四处奔走，想方设法要找回这幅画。一个自称"刘将军"的人毛遂自荐，愿意帮助徐悲鸿找画。经过许多周折，徐悲鸿花了20万元巨款和自己的数十幅作品，才换回《八十七神仙卷》。他小心翼翼地展开画卷，当87位神仙都安然无恙地出现在眼前时，他激动得两颊通红，即刻题诗庆贺："得见神仙一面难，况与伴侣尽情看。人生总是荠菲味，换到金丹凡骨安。"后来，徐悲鸿才得知，盗走这幅画的正是"刘将军"。

1945年，抗日战争胜利了，可国民党反动派窃夺了胜利果实，发动内战，人民又重新生活在水深火热之中。徐悲鸿不愿意继续留在迁往南京的中央大学艺术系。1946年8月，徐悲鸿接任国立北平艺术专科学校校长的职务，并聘请了许多进步画家来任教。此时，他的思想已明确站在革命力量一边。

1948年辽沈战役后，国民党当局想强迫徐悲鸿南迁，并给他送去了两张飞机票。与此同时，田汉同志受党的派遣，秘密找到徐悲鸿，转达了毛泽东同志和周恩来同志对他的问候，并希望他在任何情况下，都不要离开北平。徐悲鸿遵照这一嘱咐，顶住了国民党的威逼利诱，带领学校师生们迎接人民解放时刻的到来。

1949年10月1日，中华人民共和国成立。徐悲鸿以满腔热情投入新的生活。灿烂的阳光浸润着徐悲鸿的画笔，他在所画的《奔马》上题句"山河百战归民主，铲尽崎岖大道平"，表明了他难以抑制的喜悦之情。

徐悲鸿杰出的艺术成就和美术教育的丰富经验，受到党和政府的高度重视。他担任了中央美术学院院长，亲自带领学生参加北京郊区土地改革，在火热的生活中搜集创作素材，准备创作歌颂新社会的油画。

正当徐悲鸿为人民的新时代而努力创作时，他虚弱的身体已经不堪重负。1953年9月26日徐悲鸿因脑出血复发，抢救无效在北京逝世，年仅58岁。

徐悲鸿逝世后，政府和人民为了纪念他，在北京建立了"徐悲鸿纪念馆"，周恩来同志亲笔为纪念馆题写了"悲鸿故居"的匾额。徐悲鸿的夫人廖静文同志根据徐悲鸿生前的愿望，将他的1200多件作品和他节衣缩食购藏的1200多件历代名画，以及1万多件图书资料全部捐献给了国家。

潘天寿
(1897—1971)

1923年初春的一天,一名身穿长衫的高个青年,怀里揣着一卷用蓝粗布包裹着的画稿,敲响了上海山西路吉庆里一幢二层楼房的大门。这里住着闻名遐迩的大画家吴昌硕。

吴昌硕是对中国近代画坛影响极大的画家。他对诗、书、画、印都有很高的造诣,深受人们敬重。并且,他还以慧眼著称于世。

年轻人怀着忐忑不安的心情,打开包袱,取出自己的画,请面前这位德高望重的大师指点。吴昌硕一幅一幅认真地翻阅着。

"好，画得好，格调高，落笔不凡。"年过八旬的吴昌硕连声夸赞，眼里闪出喜悦的光芒。两人一见如故，从诗谈到画，又从画谈到诗，聊得十分投机。

看着这些才气横溢的画，吴昌硕不由得神思飞动，挥毫用石鼓文写了一副对联：天惊地怪见落笔，巷语街谈总入诗。弟子们见先生给这位年轻人如此高的评价，就互相打听他的底细。有知情的告诉大伙儿：他叫潘天寿，是刚从浙江来上海寻师学画的。

1897年3月14日，潘天寿出生在浙江省宁海县冠庄村的一个农民家庭里。

冠庄村坐落在山奇峰秀、气象万千的雷婆头峰下。潘天寿的父亲潘秉璋擅长书法。他平时除了在田里耕作之外，还要修家谱、管祠堂，村子里重要的书写工作也都由他承担。

由于家道清贫,潘天寿很小的时候就下地干农活。他常和小伙伴一起去雷婆头峰放牛、砍柴。

7岁时,潘天寿进私塾读书,开始正式练字。每天午饭后,他都要写一幅字,从不间断。父亲挥毫之时,更是潘天寿学习书法的好机会,他总是在一旁专注地看着。在读书写字之余,潘天寿又迷上了描摹《三国演义》《水浒传》上的绣像。

一天,私塾先生交代学生背书,自己上茶馆喝茶去了,但他回馆时却没听到琅琅的读书声。他进门一看,学生们都神情紧张地端坐着。先生觉得有些奇怪,便挨个儿转了一圈,最后站在一个学生面前:"把书底下的东西给我!"那学生胆怯地把露出一角的图画抽了出来。

"谁拿来的？"先生手拿戒尺严厉地问道。

"我。"潘天寿恭敬地站了起来，"是我画的。"先生惊讶地望着潘天寿，暗叹：小小年纪竟能画出这么好的画！先生心中虽不高兴，但也不再责备他什么了。

潘天寿对绘画的兴趣越来越浓厚，不仅描摹小说里的绣像，还将祠堂庙宇里的窗花、壁画临摹了一遍又一遍。

潘天寿的艺术才能很快就显露出来。他的家乡每逢久旱不雨，就会以十几户人家为一组，搭一些配有对联、彩绘的"求雨楼"，用来求神祭祀。这时候，潘天寿便从私塾请假回家参加制作。他所制作的"求雨楼"，每次都被认为是最玲珑别致的。

冠庄村的田园风光，雷婆头峰的山川草木，深深地吸引着潘天寿，萌发了他对美术的热爱。潘天寿后来的许多杰作都书有"雷婆头峰寿者"的落款。这些作品寄托着他对家乡和童年生活的深深眷恋。

1910年，潘天寿进入宁海县城唯一的高等小学。最使他欣喜的是学校正式开设的图画课，他再也不用偷偷地作画了。有一天，他在县城的街上看到一家书铺，便走了进去。书架上不仅有书法字帖，还有一本系统介绍绘画入门知识的书——《芥子园画谱》。他省吃俭用，用积攒下的钱买了这套画谱和《玄秘塔碑》《瘗（yì）鹤铭》等字帖。学习空隙，潘天寿总是一个人练习字画。《芥子园画谱》为他打开了一个新的天地。那些山水草木、花鸟鱼虫，都是自己熟悉的，可又好像是第一次接触。他悟出了一个道理：自然万物一旦在水墨画中再现，便可以散发出诱人的艺术魅力和勃勃生气。正是在这位默不作声的"启蒙老师"的指导下，潘天寿的画技获得了一次小小的飞跃。

笔、墨、纸、砚是创作中国画必备的文房四宝，潘天寿作画却碰到了缺墨少砚的困难。然而他并没有被困难吓倒。他在山崖上，从溪流边找来一些青石和卵石，经过一次又一次的实践，终于凿成自己理想中的砚台。他又开始自己制墨。他先把煤敲碎研细，做成墨的形状，可是加水一磨，不是太硬，就是一小块一小块地往下掉，无法画画写字。一次，他在烧饭的时候，发现锅底的烟灰既黑又细，一个念头一闪而过。终于，锲而不舍的潘天寿通过自己的手，制作出一锭又一锭烟灰墨来。

有了工具和材料，潘天寿绘画写字的劲头更大了，他一方面勤学苦练，一方面在外面找机会观摩。只要打听到什么人家有画挂着，他就一次次跑去观看，从这些作品中汲取营养。他生性寡言，不善于交际，但碰上有的人家不肯轻易出示画卷，却能辗转托人说情，直至看到为止。有时为了看一张画，他情愿来回奔波几十里路。

潘天寿19岁从高等小学毕业后，父亲见他求学心切，就和亲友们一个铜板一个铜板地为他筹集路费，让他赴考当时学风、师资和设备都是第一流的浙江省立第一师范学校。

1915年盛夏，潘天寿带着亲人的期望和情义，踏上了新的征途。他来到杭州之后，匆匆奔向第一师范的考场……

考场里来自本省和外省的考生，都在全力以赴地应试，希望能成为60名被录取者中的一员。潘天寿第一个交卷，他那篇以切身感受写下的策论，既表达了忧国忧民之心，又抒发了有志为民族绘画、民族文化贡献一切的伟大抱负。他在1200多名考生中，夺得了第一名。

第一师范的校长是在教育界颇有声望的教育家经亨颐，他周围聚集着李叔同、夏丏尊、陈望道等一批德才兼备的爱国知识分子。学校里开设的课程很多，学术氛围浓厚，各种丰富多彩的课外活动也开拓了学生们的视野。

潘天寿过去仅仅从书本上学到了一些绘画知识，如今通过经亨颐、李叔同这样名重一时的艺术家、书法家言传身教，他的画技取得了长足的进步。他跟李叔同学习素描，打下了扎实的造型基础。后来，他发现细腻写实的画法不适合自己的性格和志趣，便转向了传统绘画的大写意。

每逢节假日，潘天寿都要到街上的裱画店去。这些裱画店就是他心目中的画展。在那里，他见到了五代和两宋的董源、巨然、马远、夏圭的杰作，又欣赏到清初八大山人、石涛诸家的精品。最使他倾心的要数吴昌硕的写意花卉了。吴昌硕笔下的葡萄、紫藤、葫芦等，气势磅礴，苍劲雄健，富有浓厚的书卷气和金石味。这是把诗、书、画、印"四绝"高度有机结合后所产生的特殊气质和魅力。

潘天寿从八大山人的笔墨和吴昌硕的气势及金石味中，得了很大的启发。他善于观察生活，从生活中发现独特的美，并运用自己的艺术手法来加以表现。因此，他画的大写意花卉，就有与吴昌硕不同的韵味。那时候，潘天寿画的南瓜、丝瓜，就已经十分出名了。

1919年5月，北京爆发了以学生为主体的新文化运动。从北京到全国，数十万青年学生英勇斗争，积极投入这场彻底、不妥协的反帝反封建的革命运动。潘天寿学生时代的最后一年，就是在这场战斗的洗礼中度过的。

1919年12月的一天，西子湖畔落叶满地、寒风刺骨，公共体育场里却人声鼎沸，口号声不绝。这是学生们在集会支持福建学生的斗争。突然，一阵警笛响起，大批全副武装的军警冲进体育场，把学生们团团围住，并用刺刀和警棍把学生们逼到湖边上。学生们已无退路，但军警们还在持枪进逼。扑通，扑通，有人已经掉进冰冷的湖水中。在这十分危急的关头，站在队伍最前列的潘天寿立定了脚跟，面对眼前晃动的刺刀，倔强地挺立着，仿佛是一尊石头雕像。后退的人群站稳了，口号声又响了起来。反动派的刺刀划破了潘天寿的脸，鲜血顺着脸颊往下淌。同学们愤怒极了，他们簇拥着潘天寿，突破军警的防线，冲向大街，以铁的事实当众演说,揭露反动派的罪行。一向忠厚老实的潘天寿表现得如此英勇,充分显露出他对祖国的爱和对反动派的憎恨。

从第一师范毕业后,好学上进的潘天寿仍然觉得自己根基尚浅,希望继续求学。但迫于经济上的压力,他只得还乡教书谋生。

潘天寿在乡间一边教书,一边作画。他在浙江安吉教书的时候,一个学生兴冲冲地跑来说:"先生,我弄来了一张很大的纸,你给画张大画吧!"潘天寿爽快地答应了。他把长衫一提,笑吟吟地走进院子里。好一张丈二宣纸!他一边磨墨,一边问:"有大笔吗?"周围的学生都面面相觑,事先谁也没有想到画大画要有大笔,而且也不知道究竟要用多大的画笔。眼看这幅大画就要画不成了,潘天寿想了想,便随手从院子角落的柴火堆里拔出几根茅草芦苇，敲敲打打，然后用绳子一扎，不一会儿，一支如椽大笔已经握在手中了。他举起这支扫帚般的笔，在宣纸上扫开了。他扫过的地方，浓墨不迟钝，淡墨不模糊，一棵气势磅礴的古松初具轮廓。接着，他再用小笔勾勒，更显得古松郁郁葱葱，生意盎然。在场观看的人无不为之拍手叫绝。

1925年，胸怀大志的潘天寿来到上海。这位年仅28岁的画家，以自己独特的画风和深厚的功力，在上海画坛崭露头角，引起了人们的瞩目。他被聘为上海美术专科学校中国画系教授。而后，他又担任了上海新华艺术专科艺术教育系主任、国立西湖艺术院（后更名为国立杭州艺术专科学校）国画主任教授等职务。接下来的几年里，他每周3天在杭州，3天在上海。为了培养艺术新秀，他将多少宝贵的日日夜夜，抛在车轮滚滚的旅途之中。

抗日战争爆发后，江浙一带先后沦陷。潘天寿不愿在铁蹄下做亡国奴，便随杭州艺专内迁四川。

在内地，潘天寿和许多热爱美术教育事业的同事一起，克服了重重困难，坚持把培养美术人才这项工作放在首位。这一时期，他的精力几乎都花在教学上。作画的宣纸买不到，他们便用窗户纸代替。简陋的课堂太小，潘天寿便在池塘边、樟树下露天给学生们上课。学生们既喜欢听他讲课，又爱学他的画。

潘天寿乐意毫无保留地把自己多年积累的学画经验告诉学生们："学画路要走得正，要走大道，不要贪便宜抄近路，走小道。要记住，学习的历程上是没有捷径可走的。"他鼓励学生们向历代名家学习，"多看名家大家的作品，把欣赏眼力提高,知道力气向何处使,进步就快了。"

抗战胜利后,杭州艺专迁回杭州。潘天寿回到了阔别多年的故乡。但是,当他走上那条熟悉的石板路时,他愣住了。家呢?潘天寿一家站在荒芜不堪、杂草丛生的废墟前发呆。旧宅成了侵略者的养马场。潘天寿抗战以前所有的诗、书、画、印和他千辛万苦收集来的文物资料,连同家产全都荡然无存。这个打击对把艺术视为生命的潘天寿来说是极其沉重的。但他并没有沉沦和退却,而是凭借向前看的人生观,又乐观地重起炉灶,拿起画笔奋力创作。终于,他迎来了中华人民共和国的诞生。

新生活到来时,潘天寿那颗热爱祖国、热爱艺术的心,在激烈地跳动着。从此,他进入了艺术生涯中最充满活力、艺术成就最高的时期。

潘天寿攀泰山，登黄山，访孔庙，游览十三陵，泛舟太湖，浪迹东海，陶醉于大自然的怀抱之中。祖国的山川草木在画家的眼里是那么崇高，那么神圣，那么俊美。他或把它们记在脑海里，或用诗句代替速写。回家后，他再一幅一幅地画，把它们艺术地重现了出来。

党和人民充分肯定了潘天寿杰出的艺术成就，他被选为第一、二、三届全国人民代表大会代表，先后担任了浙江美术学院院长，中国美术家协会副主席，浙江省美术家协会主席，又被聘为苏联艺术科学院名誉院士。

潘天寿的地位变了，但仍保持着劳动人民的本色。他的装束还和过去一样，布衣布鞋，衣服上经常有补丁出现。

1966年春，潘天寿创作了一生中最后一幅大作品《梅月图》。在接近正方形的纸上，一株老梅树的虬枝铁干呈"S"形横过画面，成为画的主体。树干苍老刚劲，只在树梢上有几朵不引人注意的淡红色小花，花后是圆月和淡墨染成的夜空。梅树的粗干经历了冰刀霜剑的严重摧残，而树梢上的几朵小花，彰显了生命的力量，预示着春天即将来临，寒冷静寂的气氛衬托出生命的顽强和美丽。《梅月图》扑面而来的骨气雄风沁人心脾，将那些虚浮、懦弱、庸俗的情感一扫而光。这是对生命的颂歌，对力和美的赞美。

正当潘天寿意气风发地把古稀之年当作自己新起点的时候，一场大病使他再也没有机会拿起画笔，为祖国的山川草木传神写照了。

这位为祖国传统艺术奋斗了半个多世纪的老画家倒下了，他开始大量尿血。他含泪写道：

"我是一个中国人,生在中国,长在中国,将来还要老在中国。我是多么希望看到祖国欣欣向荣、繁荣强大。"弥留之际,家里人要替他剪去右手为作指画而留长的指甲,他喘着气说:"留着吧,等我病好了,还是要画的。"

1971年9月5日,这位热爱祖国、热爱艺术的绘画大师溘然长逝。

"潘天寿纪念馆"在他生前工作、生活了多年的杭州建成。潘天寿虽然未能在大地春回的时节和我们共享欢乐,但他高尚的情操,对民族绘画的卓越贡献,已经融入他的艺术作品之中,永远为后人所珍视和纪念。

丰子恺
(1898—1975)

20世纪30年代初,上海一家报纸上刊登了一幅名为《最后的吻》的漫画。画面上一个衣衫褴褛的妇女,因为无力喂养自己初生的婴儿,不得不把他送到育婴堂去。妇女的脚旁,有一只母狗正在哺育自己的小狗。作者运用母与子、人与狗的强烈对比,把人不如狗的社会现象和人吃人的剥削制度赤裸裸地展现在读者面前。这幅漫画发表后,在读者中引起了巨大的反响。一位读者甚至写信给作者,要求"赔偿"她的眼泪。创作《最后的吻》的画家叫丰子恺。他是一位多才多艺的文学艺术家,也是我国现代漫画的创始人之一。

京杭大运河,这条纵贯祖国南北的水上交通大动脉,日夜不停地奔流着。离杭州不远的石门湾镇在大运河的哺育下,经济和文化都比较发达。1898年11月9日,丰子恺就诞生在这里一个开染坊的家庭。丰子恺的父亲是个"两耳不闻窗外事,一心只读圣贤书"的秀才。不过,他在考场上却并不得意,3次乡试都名落孙山。

丰子恺5岁那年,父亲再次去杭州会考,居然考中了举人。然而,没过几年,科举制度便被彻底废除了。父亲只得把全部希望寄托在儿子身上。丰子恺从6岁起,就在父亲办的私塾中学习。聪明好学的丰子恺很快学完了《三字经》,继而又开始学习《千家诗》。

《千家诗》每页的上端,都印有一幅木版画。第一幅画是《大舜耕田图》,画的是一头大象和一个人在耕田。这幅画引起了丰子恺的兴趣,他觉得画没有颜色很可惜,就向染坊师傅要了些颜料,自作主张地给画着起色来。他给大象披上一件红袍,让人穿上一套蓝衣服,而那块田地呢,则被染成了紫色。没想到印书用的纸很薄,颜料涂上之后,下面的七八页上都有了一头红象、一个蓝人和一片紫地。丰子恺的父亲发现后非常生气,把丰子恺狠狠训斥了一顿。因为在父亲的眼里,只有读书才是正道,绘画不是件正经事。然而,丰子恺对绘画产生了一种特殊的兴趣,为了不让父亲生气,他把颜料藏在楼梯底下,趁父亲不在的时候,就偷偷地画画。这一回,他不敢再把颜料涂到书上,而是找一张薄薄的纸,平放在原画上,一笔一画地勾描下来，然后再按自己的兴趣着上颜色。

一次，丰子恺在父亲晒书时，看到一本《芥子园画谱》，上面画着各种各样的人物。他看得入迷了，便悄悄把这本书取出来，藏在自己的抽屉里，一有机会就拿出来描画。

丰子恺9岁那年，父亲因患肺病早早地去世了。为了让儿子将来能重振家业，丰子恺的母亲把他送到另一所私塾里去学习。她再三勉励儿子要刻苦攻读，将来做一个有出息的人。丰子恺是个懂事的孩子，他知道自己还太小，除了用功读书能让母亲高兴外，他还做不了什么事情。于是，他在学习上付出了加倍的努力。但他也没有放弃画画的爱好，一有空暇，就照着那本画谱描画、上颜色。

丰子恺12岁的时候，《芥子园画谱》早就全部描完了。这时，他已经能配出各种漂亮的颜色来。私塾的同学们十分羡慕，纷纷向他要画。一次，两名同学为了交换一张丰子恺的画打起架来。老师知道学生打架的原因后，出乎意料地没有骂丰子恺，也没有没收他的画谱、染料，只是指着画谱中的孔子像，要丰子恺画一张放大着色的。

丰子恺心事重重地回到家，老师布置的任务让他发愁。幸亏大姐帮他出了主意，姐弟俩在油灯下用小方格子放大的方法，把孔子像画了出来。然后，又涂上鲜艳的颜色。一幅孔子像就这样完成了，众人看后都赞不绝口。这张像被挂在私塾的墙上，后来每天上学，学生们都要向它鞠躬。丰子恺小画家的名声，一下子便在全镇传开了。

辛亥革命的前一年，石门湾私塾改成洋学堂。在第一届的7名学生中，丰子恺的成绩总是第一名。洋学堂里有不少新东西，丰子恺印象最深的是一架风琴。每当音乐老师弹起风琴教学生们唱歌时，丰子恺就特别高兴。洋学堂使丰子恺接受了音乐的启蒙教育，这为他日后的音乐创作打下了良好的基础。

1914年夏天，丰子恺以优异的成绩考入浙江省立第一师范学校。在第一师范学习的几年，是丰子恺人生中极为重要的一段时期。在这里，丰子恺接受了李叔同的艺术指导。李叔同是我国近代文艺的先驱者，在音乐、戏剧、美术、书法、金石等方面都很有成就。李叔同先是教音乐课，从他那里，丰子恺受到了严格认真的基础训练。

从二年级起，李叔同改教丰子恺班的图画课。第一师范设备完善，有两个图画专用教室，里面有许多石膏像。李叔同就在课余时间指导学生用木炭条画石膏写生。丰子恺这时才明白，自己儿时临摹的范本原是别人看了实物画出来的。

一次在杭州西湖，丰子恺搭船去写生，船上有许多游客，他觉得这是一个好机会，便把同船游客当作石膏模型，一一观察他们眼睛生长的部位。他发现其中一位老人的眼睛位置特别高，连忙拿出随身携带的铅笔，伸直手臂去量老人眼睛的高低位置。老人以为丰子恺拾到铅笔还给自己，接过来看了看，笑着说："这不是我的东西。"然后把铅笔还给了丰子恺。

还有一次，丰子恺在火车站等车，看到一个卖花生米的人，脸上皱纹很多，眼睛细得像一条缝，夹在皱纹里。丰子恺看不清眼睛的准确部位，只得走近去细看。这个人以为丰子恺想买花生米，笑嘻嘻地递上一包，丰子恺只好将错就错，买下了这包花生米。

经过5年的艰苦学习，丰子恺从第一师范毕业了。他十分渴望能得到专门修习绘画的学习机会，但此时母亲已无力供他继续深造。恰好这时，几位学友约请他在上海共同创办一所培养图画、音乐、手工人才的专科师范学校，他便欣然前往了。

1921年初春，丰子恺在专科师范从事了一年半的绘画教学后，深感自己对绘画的了解还很有限。他读了一些日本美术杂志，了解到国外美术界的近况后，更感觉到自己知识的欠缺。为了进一步掌握技艺，丰富和充实自己的知识，他决心东渡日本求学。

在亲友的资助下，丰子恺终于实现了这一愿望。到达东京之后，他仿佛进入了一座知识的宝库。但他知道自己经费有限，不能在此久留。

为了充分利用这宝贵的学习机会，起初，丰子恺上午学画，下午学日语。后来他下午改学小提琴，晚上又去学英语。为了不浪费一分钟时间，不放过任何一个学习机会，他在学习美术、音乐和外文的同时，还想方设法挤出时间到处参观写作。

在绘画方面，丰子恺不仅窥见了西洋美术的掠影，而且较深入地了解了日本美术界的现状。

一次，丰子恺在一个旧书摊上看到了一本竹久梦二的画册，那一幅幅小小的毛笔画，虽然都只有寥寥数笔，却以生动的造型美和诗的意境深深地打动了丰子恺。丰子恺爱不释手，买下这本旧画册。这本画册对丰子恺后来漫画风格的形成起了重要作用。

1921年底，丰子恺带的钱全部用完。他只好结束10个月的留学生活，回到祖国。由于丰子恺如饥似渴地发奋学习，他把其他人需要几年时间才能学完的知识，浓缩到10个月里学完了。

回国后，丰子恺应在第一师范时的老师夏丏尊之邀，到浙江省上虞县白马湖的春晖中学任教。当时的春晖中学以夏丏尊为首，聚集了一批颇有抱负的青年人。就是在这所学校里，丰子恺那具有竹久梦二风格的漫画诞生了。

一次，春晖中学召开校务会议，丰子恺坐在一旁细心观察垂头拱手、伏在会议桌上的同事们的各种姿态。回家后，他立即用毛笔把这次会议场景画了出来。这幅画引起了丰子恺的创作兴趣。从那以后，丰子恺不断把平时所观察到的琐事、细节一一乘兴画出来。包装纸、旧讲义纸和各种废纸，都成了他的画纸，有毛笔的地方就是他的画室。

丰子恺一开始画这些小画时，根本没有公开的打算。谁知，夏丏尊看到这些画后，大为欣赏，鼓励他说："好！再画！再画！"这进一步激发了丰子恺的创作热情，他开始对这种新的绘画形式做更大胆的尝试。每逢有得意之作，他便亲自把它们制成木刻，让朋友们传观。那时，与丰子恺在同校任教的著名作家朱自清与远在北京的著名文学家俞平伯正合办一本不定期的文艺刊物——《我们的七月》。1924年，丰子恺第一次公开在《我们的七月》上发表了一幅题为《人散后，一钩新月淡如水》的画。这幅含蓄恬静的画一鸣惊人，引起了著名作家郑振铎的浓厚兴趣。

当时，郑振铎主编的《文学周报》恰好需要插图，他便托人向已去上海创办立达学园的丰子恺索画。这些画陆续发表在《文学周报》上，并被冠以"漫画"的题头。1925年12月,由郑振铎提议并编选的《子恺漫画》以文学周报社的名义结集出版了。许多文化界的名人都为这册画集作序写跋。朱自清在序中赞叹道:"一幅幅的漫画,就如一首首的小诗——带核儿的小诗……就像吃橄榄似的,老觉着那味儿。"《子恺漫画》出版后,"漫画"这一名称在我国就被广泛地采用了。

丰子恺的漫画除了受竹久梦二的影响,还受到陈师曾用笔简劲、题意潇洒的画风的启发。他还把西洋画的解剖透视原理和中国画的笔墨技法糅为一体,因此他的漫画既有中国画的萧疏淡远,又不失西洋画法的活泼准确。

1926年5月,中国共产主义青年团中央机关刊物《中国青年》为纪念"五卅"惨案,出版了一期专号,约请丰子恺设计封面。步入社会以来,丰子恺结识了不少进步的朋友,他对社会、对革命一直比较关心。他画了一幅题为"矢志"的封面画。画上是一座高塔,在塔的顶端横插着一支夸张的大箭。

"射塔矢志"的故事是这样的:唐朝时候,大将张巡镇守睢阳,为安禄山所围。张巡派青年将领南霁云突围,向贺兰进明求援。贺兰进明不但不去救援,还设宴招待饥饿的南霁云,想把他收为部下。南霁云表示:我们全城断粮已久,我岂能在此宴饮。说罢,他拔刀斩断了自己的一个手指而离去。临出城时,他用箭射中佛寺的宝塔,表示回营后战斗到底的决心。丰子恺借用这个古代故事,激励青年人,树立为民族革命斗争到底的决心。

1931年到1932年,丰子恺先后出版了《学生漫画》《儿童漫画》《儿童生活漫画》三部漫画集。丰子恺的儿童漫画大多是以他自己的孩子为原型创作的。他经常和孩子们一起生活游戏,从儿童的生活中观察到可爱的意境。

一次,丰子恺的女儿阿宝宁愿自己赤脚,也要把鞋子脱给凳子"穿"。可是凳子有四只脚,自己只有两只脚。于是,她又把妹妹的新鞋拿来,一起穿在凳子的四只脚上。丰子恺觉得这正是一种天真烂漫的表现,连忙掏出速写本画下这一情景。名作《阿宝两只脚,凳子四只脚》就是这么诞生的。

1937年11月,日本进一步侵略中国,丰子恺被迫带着家人逃难。他们历经5个省,行程达3000多千米。一路上,他们备受磨难,饱尝了离乱的艰辛。不过,从艺术创作的角度讲,逃难对于丰子恺来说倒不是坏事。祖国大西南的壮丽景色强烈地吸引了丰子恺,在他的《油壁车轻蜀道难》《田翁烂醉身如舞，两个儿童策上船》《满山红叶女郎樵》等画中，山间蜀道出现了，层峦叠嶂、峭壁奇峰突起了，漫长的行程为他提供了丰富的绘画素材与灵感。同时，抗日烽火还点燃了丰子恺心中的爱国激情。逃难中，丰子恺有机会更广泛地接触民众，很多人给予丰子恺以无私的帮助，有的甚至成了他艺术上的知心朋友，这一切不仅使他感到温暖，而且大大激发了他的创作激情。他的友人笑称他的逃难为"艺术的逃难"。

1938年3月，丰子恺来到汉口。当时江南的知识界人士都云集在这里，使它成为大后方的一个文艺宣传中心。丰子恺也积极参加了抗日宣传工作。

面对日本侵略者飞机的狂轰滥炸，丰子恺心中万分痛恨。千百万生灵涂炭，画家岂能熟视无睹?《我愿化天使,空中收炸弹》等画作,正表达了他痛惜同胞的心情。

1945年8月,中国人民的艰苦抗战终于取得了伟大胜利。丰子恺在欣喜之中,创作了以《八月十日之夜》和《狂欢之夜》为题的多幅画作,广送亲友,以表庆贺。

但是,抗战的胜利并没给人民带来平安和幸福。1946年,丰子恺结束了逃难生活,回到杭州。他创作了不少忧国忧民的漫画,例如《乱世做人羡狗猫》《屋漏偏遭连夜雨》《卖儿郎》《鱼游沸水中》等。它们反映了当时老百姓在水深火热之中挣扎的情景。还有一幅《再涨要破了》,画中通过一个小孩吹肥皂泡的景象来比喻货币贬值的局面,表现了物价飞涨、人民怨声载道的黑暗现实。

1949年10月1日,五星红旗高高地在天安门广场升起，人民当家做主的中华人民共和国诞生了。丰子恺这位历经磨难的艺术家满怀对新生活的喜悦之情，积极地投入到文艺创作中去。在党"双百方针"的指引下，丰子恺的创作日益兴旺，作画的题材也更多样化起来。

每逢节庆之日，丰子恺常常在报刊上发表作品，或文章，或诗画，对祖国表示热烈的颂扬和美好的祝愿。1959年国庆节时，他曾写道："我很想在这国庆10周年纪念日替自己画一根甘蔗，以象征自己的生活'渐入佳境'。"他在《丰子恺画集》《代自序》的最后两首诗中，谈到了自己重作漫画的心情和感受："当年惨象画中收，曾作图章曰速朽。盼到速朽人未老，欣将彩笔绘新猷。""天地回春万象新，百花齐放百家鸣。此花细小无姿色，也蒙东风雨露恩。"

1961年春,年逾花甲的丰子恺游了黄山。他不顾年老体弱,登上黄山最险峻的天都峰。黄山以它秀美的风姿触发了老画家的创作激情,他写下《黄山松》《上天都》等随笔,还创作了《黄山蒲团松》《黄山天都峰鲫鱼背印象》《黄山云谷寺》等画。

而后几年,丰子恺作画、写文、翻译、习字——艺术领域的各个园地,他又重新走了一遍。这一时期,丰子恺写下了以回忆往昔为主的《缘缘堂续笔》等散文随笔,还翻译了3部日本民间故事集《竹取物语》《伊势物语》《落洼物语》。

可恶的病魔终于向这位老画家发起总攻,他的右手臂渐渐不能动弹了。"难道我中风了吗?我的右手从此不能再握笔杆了吗?"他痛苦地自语着。在生命的最后一刻,他没有忘记用手势告诉家人,要把翻译的三部物语妥善保存,希望自己播下的种子,有一天能发芽开花。丰子恺曾画过一幅名为《莫向离亭争折取,浓阴留覆往来人》的画。他所创作的艺术精品,就像参天的大树,永远给人们带来美和爱的阴凉。

1975年9月15日,丰子恺逝世于上海。上海画院的画师们参加了他的追悼会,对他表示了深切的缅怀。

张大千
(1899—1983)

1916年5月的一个傍晚,几个结伴步行回四川内江过暑假的重庆中学生,来到一个叫邮亭铺的地方投宿。走进镇子,他们发现家家紧闭门户,街上空无一人。他们找了几户人家,都不愿留他们住宿。眼看天色已晚,他们只好来到镇上的教堂。没想到牧师听说是来借宿的,神色惊慌地告诉学生们:"今天上午,民团(维护治安的地方武装力量)打死了两个土匪,晚上土匪一定会来报复。镇上谁也不敢留陌生面孔在家，怕被土匪误认为是民兵而连累自己。"牧师劝学生们赶快逃离邮亭铺，逃得越远越好。

天黑人困，人地两疏，又不知道土匪从哪个方向来袭，如何逃呢？几名学生决定就在教堂的石墙根下过夜。大家紧紧偎依着躺下，起初还惊恐地倾听着四周的风吹草动，不一会儿，睡意袭来，奔波了一天的学生们渐渐地进入了梦乡。

夜半时分，镇上突然响起惊天动地的枪声和呐喊声，土匪果真倾巢出动来报复了。学生们慌忙四散奔逃……一名叫张大千的学生成了土匪的俘虏，被押回匪巢。

当土匪头子知道张大千是内江县一个商人的儿子时，立即命令张大千给家里写信，要他们拿钱来赎身。张大千无可奈何，只得按土匪头子的吩咐写了一封信。土匪头子把张大千的信看了几遍后,大声嚷道:"好书法,好文章,不赎了,不赎了,你留下给咱当师爷!"接着,他把信撕成了碎片。张大千想争辩,但看看周围手握刀枪、凶神恶煞的土匪,他明白只有暂时委曲求全,以后才可能伺机逃脱。就这样,17岁的张大千坐上了山寨的第二把交椅。他的任务是为土匪写赎票、记账。

时光流逝,张大千在山寨里尽管不愁吃喝,精神上却饱受煎熬。时间一长,土匪也就放松了对他的戒备。在被土匪绑架100天后,张大千终于乘隙逃离匪巢,回到重庆。

张大千的艺术天赋先被野蛮社会发现,并使他免遭杀身之祸。这段富有传奇色彩的经历,对他以后从事艺术事业产生了深远的影响。

张大千的家乡在四川省中部的内江县,这

里盛产甘蔗和糖制品,是远近闻名的"糖城"。可是,张大千的童年却饱尝苦水。1898年,内江遭到百年未遇的特大洪灾。第二年,张大千降临人世,内江又发生了旱灾。连年灾荒,使靠替人挑水、弹棉花来养家糊口的父亲断了生计。母亲连顿饱饭都吃不上,哪有奶水喂养儿子?幸好,一位刚生了孩子的亲戚奶喂不完,每天喂张大千两次奶,才使这条小生命没有夭折。

在艰辛的生活中,张大千长到了9岁。他的父亲又干起挑水的老行当,但收入微薄。母亲为了补贴家用,四处为别人描绘枕套、帐帘和鞋子上的图案,并承接一些绣花活儿。天长日久,母亲的绘画水平在县城已经首屈一指,大家都叫她"张画花"。名声一传出去,邻近的人们纷纷把描画绣花的活儿送上门来。母亲有些应接不暇，就把细白布蒙在花样上，让孩子们用木炭条帮着描画。张大千画得可认真啦，看到花鸟鱼虫出现在自己的笔下，他的脸上便浮起欢欣的笑容。这种简单的艺术实践，使张大千看到了一个新的世界。艺术的种子在他幼小的心灵中开始萌芽。

1911年，中国大地上发生了辛亥革命，统治中国2000多年的封建制度被推翻了。张大千的二哥张善子是孙中山领导的同盟会会员，辛亥革命胜利后，他担任四川省乐至县县长。张家的经济情况有了改善。父亲开了一家百货店，买卖越做越大，他认为这是小时候学了四书五经，认得一些字的缘故。所以，父亲把张大千送到县城的小学读书。张大千仅花了两三年的时间，就学完了小学的全部课程。1914年，张大千到四哥张文修教国文的重庆求精中学求学。

1917年,张大千告别故乡和亲人,前往日本留学。日本在"明治维新"运动后,经济、文化发展很快,张大千决心要在新世界里闯出自己的天地。不久,张大千考入京都艺专学习染织。染织是一种织绣工艺,设计时要有一定的绘画基础。张大千最爱上的就是美术课。课余时间,他经常出入画店看画。在日本期间,张大千还掌握了写生技巧。

3年的留学生活转眼就要结束了。一天,张大千和一名朝鲜同学应邀到日本同学山田片夫家做客。进门后,朝鲜同学滔滔不绝地用英语向主人致谢。山田的父亲不懂英语,他茫然地望着自己的儿子,那名朝鲜同学还在得意地讲着。山田被激怒了,破口骂道:"亡国奴的舌头是最软的,现在学会别人的话,将来好侍候人。"朝鲜当时被日本占领,朝鲜同学一听这话,顿时泪流满面。张大千想起自己的国家也受过日本帝国主义的侵略,民族尊严在心中油然升起。他大吼一声:"走!"然后从山田家拂袖而去。从那天起,张大千无论到哪里,即使长期漂泊异国,都讲四川家乡话,只穿中式的衣衫。

张大千留学归来,立志要振兴中国书画艺术。他先后拜著名书法家曾农髯和李瑞清为师。曾、李两位老师对中国画也很有研究。他们特别推崇清初画家石涛和八大山人的画。张大千在这段时间里,用心临摹石涛的山水和八大山人的墨荷,深入研究他们的绘画技巧。他仿制石涛的画达到了以假乱真的地步,使得一些古画鉴赏专家们有时也真假难辨。

张大千的画在上海有了一些名气。然而,

真正的艺术家应该有自己独特的风格，不能仅靠模仿。正当迷惘之际，张大千结识了著名画家黄宾虹。黄先生不但画艺超群，而且博览群书，见多识广。他告诉张大千："石涛的画最主要的特点就是讲究独创。他的画风、构图、意境、笔墨技法都有独特风格。这与石涛半生云游，饱览祖国名山大川，以及'借笔墨写天地万物而陶咏乎我也'的创作理论有密切的关系。"黄先生还告诫他：要想成为出色的画家，不能闭门造车，要出去走走、看看，像石涛那样"搜尽奇峰打草稿"。

黄宾虹的教导使张大千茅塞顿开。他想起世称"黄山派巨子"的石涛，曾多次登临黄山，以真山真水为师，才使笔下的黄山具有永久的艺术魅力。张大千再也坐不住了，他的心已经飞向神奇的黄山。

1927年5月,张大千第一次游历黄山。那时的黄山还没有今天这样平整的石级,每座山峰都要费九牛二虎之力才能爬上去。站在峰顶,黄山美景尽收眼底。变幻莫测的黄山云海更令人叹为奇观:旭日东升时,巨壑深谷之中,白云弥漫,浩瀚无边,犹如波涛汹涌的大海。座座峰峦宛如海中岛屿,时隐时现。张大千拿出纸笔,尽情地画啊画。

后来,张大千又两次登上黄山写生。他还饱览祖国的其他名山大川。祖国的大好河山使张大千获得了取之不尽的创作素材和灵感。终于,张大千以清新俊逸的独特风格,跻身于名画家的行列。

1932年,徐悲鸿为提高中国的国际声望,征集名家作品赴欧洲展出前,专程从南京赶到上海,请张大千提供展品。张大千爽快地表示:"我也是一个中国人,展出所需要的作品,徐先生要多少,我就画多少。"

这年年底,张大千和弃官为民的二哥张善子一起迁居苏州网师园。网师园是苏州名园之一,始建于南宋,清乾隆年间重建。园内布置紧凑,景色精巧。张家兄弟居住在这风景如画的地方,画兴更浓。他们经常通宵达旦地挥笔作画。张善子擅长画虎,他在园里养了一只小老虎,起名"虎儿"。他十分注意观察虎儿纵跳、卧坐、滚爬等各种姿态,能把老虎画得栩栩如生。

这一时期,张大千的画艺更加纯熟,达到了炉火纯青的程度。他的荷花被称为一绝,上门求画的人络绎不绝。他画的老虎也很出色,但他写过两句话:"大千愿受贫和苦,黄金千两不画虎。"他明白,凭自己的才能和声望,只要画几张虎,就会影响张善子的画虎名声。平素不拘小节的张大千,却是如此注重兄弟情。

北京是我国六大古都之一,历代留下的名胜古迹、文物珍宝不胜枚举。37岁那年,张大千举家北迁,到北平定居。他成为故宫博物院的常客,在古代艺术珍品前流连忘返。聚集在北平的文化界名流颇多,张大千常常和他们在一起探讨艺术问题。久而久之,他的艺术眼光、艺术情趣更胜过往昔了。

琉璃厂是北平的一条文化街,集中了几百家书画、金石、纸张、笔墨、裱画、文物商店,每天都有许多文物从全国各地汇集到这里。张大千到北平后,琉璃厂的老板们得知他对古画的鉴定、修复有精深的造诣,就把收集到的古画送来请他过目、修补。张大千非但分文不取,还请送画的伙计吃早饭。有人对此感到不解,张大千告诉他们:"画画的人,不多观赏前人名迹,就不易提高。能见到这么多名迹,是踏破铁鞋没处找的好事。至于补写补画,既能练笔,又使古迹得到很好的保存,怎么还能要店家出钱呢?"

1937年7月7日,日本侵略者在卢沟桥向中国守军发起进攻,发动了震惊中外的"七七"事变。由于国民党政府奉行不抵抗政策,北平很快就失守了。日本人想利用张大千的名声,派汉奸轮番上门请张大千出任伪职,并暗示如果不答应,会对他不利。张大千严肃地说:"我本一介村夫,闲散惯了,最怕做官。"

素以豪爽好客、喜欢社交著称的张大千,忽然在北平沉默多日,外界不免有种种猜测。谣言一传十、十传百,不少人确信张大千得罪了日本人,已被杀害。张大千在上海的一名学生，还郑重其事地举办了"张大千遗作展"。上海的许多报纸报道了这条消息。

当张大千收到上海寄来的剪报后，灵机一动，想出一条脱身妙计。他向日本占领军当局提出要去上海办画展，以正视听。日本人原本不打算放他走，但考虑到那些谣言四处流传，不利于日本巩固在华北的统治，况且上海也在日本占领之下，张大千插翅难飞。思前想后，日方终于同意让张大千只身前往上海。

在上海住了一段时间，张大千在朋友的帮助下，乔装打扮，混上了去香港的客轮。不久，思乡心切的张大千不顾路途的危险，又从香港千里迢迢地回到大陆。沿途，他亲眼看到大片国土沦丧，人民流离失所，心中感慨万分。到重庆后，张大千与张善子久别重逢，悲喜交集。兄弟俩共同创作了100多幅作品，在重庆举办抗日流动画展,其中《怒吼吧,中国》《中国怒吼了》《双骏图》等作品,充分表现出张家兄弟的爱国热忱。这些作品极大地鼓舞了人民群众,透过画面,人们似乎可以听到前方抗日将士奋勇杀敌的呐喊声,看到中国大地上升起的胜利曙光。

一次偶然的机会,张大千看到了来自敦煌的文物,不禁大为倾倒。他觉得莫高窟艺术不能很好地发掘,是民族的耻辱,决心克服千难万险去实地考察。1941年,张大千前往敦煌,并和学生们临摹石窟里的壁画。

1943年,张大千带着276幅临摹的壁画回到成都。《张大千临摹敦煌壁画展》在成都、重庆、西安展出时,展览大厅人头攒动,盛况空前。3年的敦煌生活,使张大千的艺术创作面目一新。他更加注重线条和色彩的结合,注重表现深隽的意境。

1945年8月,日本宣布无条件投降,张大千十分激动。可好景不长,蒋介石发动内战,使国家又陷入战火纷飞的动乱岁月。

这一时期,张大千收到印度大吉岭大学请他去讲学的请柬。再三权衡,张大千先前往印度讲学,办展览,而后又回到香港。

中华人民共和国成立后,政府在百废待兴、百业待举的困难时期,仍然为文化事业的复兴与发展拨出巨款。在周恩来总理的亲自过问下,敦煌的整修、保护工作全面展开。张大千在国外听到这些消息时,感慨万千。

1951年,张大千在香港以极低的价格出售五代南唐顾闳中的《韩熙载夜宴图》、五代南唐董源的《潇湘图》、元代方从义的《武夷放棹图》3幅名贵古画。这3幅画是中国画中的稀世之宝，也是张大千个人藏画中的精品。卖画后不久，张大千举家迁往南美洲的巴西定居。3幅画则由中国政府派人从张大千的好友手中购回，珍藏在故宫博物院。

熟悉张大千的人都知道他有藏画癖，他这次的举动令人感到不可思议。直到1983年，谜底才被揭开。原来，当年张大千是有意以低价把3幅画卖给国家，来表示他对中国共产党爱护祖国文化遗产的敬意和他的爱国之情。

1968年，张大千创作了巨幅画卷《长江万里图》。全画以滚滚的江水串联，各部分浑然一体，充分表现出万里长江的雄伟气势。张大千对长江沿岸的村舍田野、急流浅滩、千山万壑，都进行了艺术提炼，运用大泼墨、大泼彩的技法予以描绘。创作时，张大千把爱国之情，思乡之意全部倾入笔墨之中，使长卷一气呵成。

叶落归根，步入古稀之年的张大千思乡之情与日俱增。他数次写信和国内的亲友联系，并有过返回故乡的想法。但是，台湾当局多次为张大千举办画展，宝岛的阿里山、日月潭、半屏山、天祥大瀑布等名胜，也激起了张大千的创作豪情。他决定搬到台湾居住。

1983年3月，张大千得知一对外籍华人夫妇要从台湾前往大陆，忙让夫人抱来13册《张大千书画集》，想一一签名后请他们带给大陆的13位故友。患有心脏病的张大千忍着心绞痛，一本接一本地签上名字……

1983年4月2日，张大千在台北病逝，海峡两岸的中国人都为他的逝世深感悲痛。张大千虽然离开人世，但他的艺术是不朽的。他为继承、发展中国画所做出的巨大努力，已经创造出了一个永恒而又丰富多彩的艺术大千世界。